¿Cómo se siente al tocarlo?

Bobbie Kalman

Crabtree Publishing Company
www.crabtreebooks.com

Creado por Bobbie Kalman

Dedicado por Robin Johnson
Para mi Granny Lil, que cuando toca el piano, llega a nuestros corazones.

Mixed Sources
Product group from well-managed
forests and other controlled sources
www.fsc.org Cert no. SW-COC-1271
© 1996 Forest Stewardship Council
FSC

Autora y editora en jefe
Bobbie Kalman

Editoras
Reagan Miller
Robin Johnson

Investigación fotográfica
Crystal Sikkens

Diseño
Bobbie Kalman
Katherine Kantor
Samantha Crabtree (portada)

Coordinadores de proyectos
Robert Walker
Kenneth Wright

Coordinación de producción
Margaret Amy Salter

Técnico de preimpresión
Kenneth Wright

Consultor lingüístico
Dr. Carlos García, M.D., Maestro bilingüe de Ciencias,
    Estudios Sociales y Matemáticas

Fotografías
Todas las imágenes de © Shutterstock.com excepto:
las tomadas por Bobbie Kalman en Dolphin Quest Hawaii,
    Kahala Mandarin Oriental Hawaii: página 23 (parte
    inferior izquierda)
Comstock: páginas 18 (miel), 19 (helado de crema)
Corel: página 22
Photodisc: páginas 19 (nueces), 32 (ratón)

Traducción
Servicios de traducción al español y de composición de textos
suministrados por translations.com

Library and Archives Canada Cataloguing in Publication

Kalman, Bobbie, 1947-
    ¿Cómo se siente al tocarlo? / Bobbie Kalman.

(Observar la naturaleza)
Includes index.
Translation of: How does it feel?
ISBN 978-0-7787-8722-8 (bound).--ISBN 978-0-7787-8731-0 (pbk.)

    1. Touch--Juvenile literature. I. Title. II. Series: Kalman, Bobbie,
1947- . Observar la naturaleza.

QP451.K3418 2009   j612.8'8   C2008-902915-1

Library of Congress Cataloging-in-Publication Data

Kalman, Bobbie.
    [How does it feel? Spanish]
    ¿Cómo se siente al tocarlo? / Bobbie Kalman.
        p. cm. -- (Observar la naturaleza)
    Includes index.
    ISBN-13: 978-0-7787-8731-0 (pbk. : alk. paper)
    ISBN-10: 0-7787-8731-1 (pbk. : alk. paper)
    ISBN-13: 978-0-7787-8722-8 (reinforced library binding : alk. paper)
    ISBN-10: 0-7787-8722-2 (reinforced library binding : alk. paper)
    1. Touch--Juvenile literature. 2. Nature--Juvenile literature. I. Title.
II. Series.

QP451.K35 2009
612.8'8--dc22
                                                            2008019553

Crabtree Publishing Company

www.crabtreebooks.com   1-800-387-7650

Publicado en Canadá
Crabtree Publishing
616 Welland Ave.
St. Catharines, Ontario
L2M 5V6

Publicado en los Estados Unidos
Crabtree Publishing
PMB16A
350 Fifth Ave., Suite 3308
New York, NY 10118

Publicado en el Reino Unido
Crabtree Publishing
White Cross Mills
High Town, Lancaster
LA1 4XS

Publicado en Australia
Crabtree Publishing
386 Mt. Alexander Rd.
Ascot Vale (Melbourne)
VIC 3032

Contenido

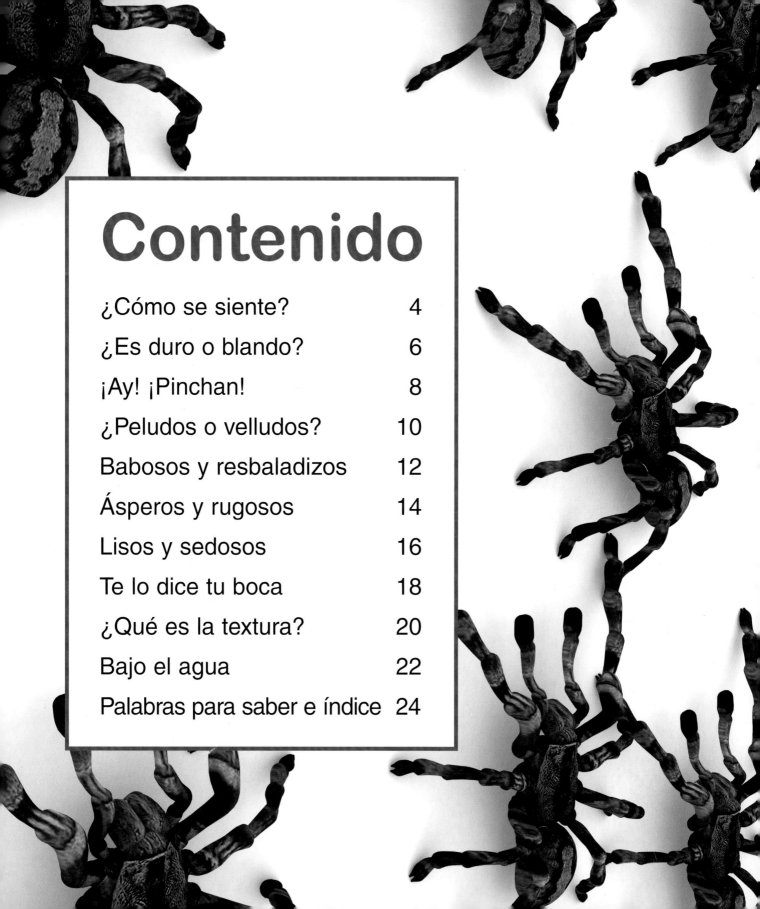

¿Cómo se siente?

Tenemos cinco **sentidos**. Nuestros sentidos nos ayudan a conocer el mundo que nos rodea. **Vemos** con los ojos. **Olemos** con la nariz. **Saboreamos** con la boca y la lengua. **Oímos** con los oídos. **Tocamos** las cosas para saber cómo son. El sentido del tacto está en las manos y en la piel. ¿Qué siente esta mano?

Sentimos el mundo que nos
rodea a través de nuestra piel.
A esta niña la salpican con
agua. Su piel siente si el
agua está fría o caliente.
¿Crees que el agua
está caliente o fría?
¿Por qué crees eso?

5

¿Es duro o blando?

¿El caparazón de la tortuga es duro o blando? El caparazón de la tortuga es duro. El caparazón duro protege el cuerpo de la tortuga.

6

¿Qué crees que se siente al tocar este ratón? ¿El ratón es duro o blando? ¿Qué otros animales son blandos?

7

¡Ay! ¡Pinchan!

¿Qué se siente al tocar algo con agujas o **espinas**? Las espinas son púas **puntiagudas** que recubren algunas plantas o animales.

¿La iguana siente que la planta del cactus es **espinosa**?

"¡Ay!". ¿Eso es lo que dices cuando sientes algo puntiagudo? ¿Qué sentirá este lagarto? ¿Alguna vez alzaste un erizo? ¿Cómo lo harías sin lastimarte las manos?

¿Peludos o velludos?

¿Los conejitos son **peludos** o **velludos**? ¿Su pelaje es **esponjoso** o **picoso**? ¿Es duro o suave?

¿Crees que a estos monos les gusta cómo
se siente al tocar este gato? ¿Por qué?

¿Esta araña es
peluda o velluda?

¿La piel de la oruga es
esponjosa o picosa?

Babosos y resbaladizos

Algunos animales tienen una capa **babosa**. Las capas de baba son **resbaladizas** al tacto. Esta babosa tiene una capa de baba. Está cubierta por **mucosidad**. Tu cuerpo también produce mucosidad. Cuando tienes un resfrío, tienes mucosidad en la nariz.

Las ranas también tienen una piel babosa. Cuando las tocas sientes que son resbaladizas. La mucosidad mantiene su piel **húmeda**. Húmeda significa ligeramente mojada.

Los caracoles también son babosos.

Ásperos y rugosos

Este osezno está trepando a un árbol. ¿El tronco es **áspero** o **liso**? ¿Qué sentirías si treparas este árbol con las piernas descubiertas? ¿Lo sentirías **rasposo**? ¿El oso lo siente diferente? ¿Por qué?

Este caimán está sentado sobre un tronco. ¿El caimán es peludo como el perro? ¿Su piel es tan **abultada** y **rugosa** que la hace dura y escamosa?

¿La piel de la serpiente es rugosa o lisa? ¡Es muy lisa!

Lisos y sedosos

El escarabajo está sobre una flor rosada. ¿El cuerpo del escarabajo es áspero? ¿Es rugoso? No, el cuerpo del escarabajo es muy liso y también muy brillante. La flor que está detrás del escarabajo se ve lisa y **sedosa**. Sedoso significa fino y suave.

¿Qué animal teje
telarañas de seda?
¿Adivinaste que
es la araña? Esta
araña tejió una gran
telaraña de seda y
atrapó una mosca
en ella. Las arañas
comen moscas y
otros insectos.

Te lo dice tu boca

Con tus dedos puedes sentir la comida, pero también con la boca. La lengua puede sentir si la comida está fría o caliente, ácida o dulce, dura o blanda. Y puede decirte muchas cosas más acerca de la comida. Mira el recuadro de abajo. Hay palabras sobre la comida. Busca la imagen de la comida que corresponda a cada palabra o palabras.

1. frío y mojado

2. espeso y suave

3. duro y ácido

4. crujiente

5. dulce y pegajoso

6. grumoso y blando

7. frío y cremoso

manzana

miel

nueces

puré de papas

batido de frutas

leche

helado
de crema

¿Qué es la textura?

La **textura** es cómo se ven y se sienten las cosas. Podemos sentir la textura con las manos. También podemos verla con los ojos. Podemos ver si algo es rugoso o liso. Podemos ver si algo es duro o blando. A veces sabemos cómo se siente una cosa. A veces lo adivinamos. Adivina qué sentirían tus dedos si tocan las espinas de esta cigarra.

Estas nubes tienen forma de plumas. Son **parecidas a plumas**. ¿Crees que también se sienten como plumas? ¿Cómo crees que se sentirían las nubes si pudieras tocarlas?

Bajo el agua

Debajo del agua también hay muchas texturas. Habla sobre la textura de cada uno de estos animales acuáticos. ¿Cuál es espinoso, rugoso, liso o duro?

tortuga marina

delfín

¿Cuál de estos te gustaría tocar? ¿Cuál no te gustaría tocar? ¿Por qué?

erizo de mar

23

Palabras para saber e índice

peludo
páginas 10, 11, 15

picoso
páginas 10, 11

velludo
páginas 10, 11

duro
páginas 6-7, 10, 18, 20, 22

espinas

espinoso
páginas 8, 22

áspero
páginas 14, 16

resbaladizo
páginas 12-13

Otras palabras
baboso páginas 12-13
caliente páginas 5, 18
esponjoso
  páginas 10, 11
frío páginas 5, 18
húmedo páginas 13, 18
parecido a plumas
  página 21
puntiagudo páginas 8, 9
rugoso páginas 14,
  15, 16, 20, 22
sedoso páginas 16-17
sentidos (los) página 4
textura (la)
  páginas 20, 22

liso
páginas 14, 15, 16, 20, 22

blando
páginas 6-7, 18, 20

tocar
páginas 4, 7, 8, 12, 13, 21, 22, 23

24

Impreso en Canadá